Edition Korrespondenzen
Christoph Wenzel

du stehst im hausflur, in der feldflur, inmitten
eines wörterbuchs, wir, ihr, sie, die rücken,
die flecken, die straßen der ersten zwanzig jahre
stehen jetzt im bücherschrank: dein pirschbezirk
nicht unbedingt die wälder – der sundern, das
röhricht, der kappenbusch; dort erstreckt sich
das feldwegenetz, durch das man die stöberhunde hetzt –,
sondern die siedlung, jede der biographischen straßen,
was dort gesprochen wird, passt auf keinen spickzettel.
jede familie ihre eigene sprache, ihre streichholzschachtel,
drei idiome passen hier in einen satz, dazu
das platt, in einem wort, einem laut, in einem schrei
das ganze schmale lexikon

Christoph Wenzel

landläufiges lexikon

Gedichte

Edition Korrespondenzen

blickbeziehung, splittersiedlung

I

UND DAS GEHÖRT ALLES NOCH ZUR STADT? wie kann das sein?
die splittersiedlung nach der eingemeindung, hier zerrinnt
die ortskenntnis in den ausläufern der ersten höhenlagen,
ihren sanften flanken. die landstraße, maßband zwischen
ortsrand, weidezaun, schlafbaum, passiert ein *landhotel noir*,
noch eins, dann keins mehr, schnürt über die dörfer, unter
den dörfern dörfer, auf den bunkerruinen weidet
das schaulustige vieh, sieh: die sondengänger sonntags
auf dem acker spüren nach notgeld, munition, die hälfte
einer hunde-marke. ihre sollbruchstellen. die suchtiefe
ist hoch, das gedächtnis schwach. im dorfladen: schrauben
und haferflocken, lockenwickler, trauben.

II

UND HIER, DIE OFFENE, FAST DECKUNGSLOSE STEPPE
mit der verwaisten einflugschneise? darin gauckeln
mittlerweile – zwischenzeitlich – bedrohte offenland-,
gastvogelarten, korn- und rohrweihe, hektisch pirol und
vogel bülow, das alte geschwader, lange ausgephast, wie
man sagt, frottiert sich *nach dem ende der geschichte*
wieder durch geschlossene wolkenfelder, die geschoss-
decke dieser gegend, da kommt jetzt doch der ölofen
wieder angeflogen, die phantome, fliegende ziegelsteine
über der konvertierten liegenschaft, der militärflugplatz,
seine erschließung: zum neubaugebiet, bald schon landen
hier die möbler, fliegen ein, aus. über den rohbauten der
musterhäuser baumeln nachts die trommeln der betonmischer,
der vollmond, köpfe, an den auslegern der baukräne.
windfrei drehen sie ins lee, durch ihre träume fliegt ein eisenschwein.

III

OB WIR JEMALS KOMMEN HINTER DIESE WALDZUNGE,
ihr schnalzen? wir sinken beim straucheln
über das zungenbändchen am mundboden in die
hermetischen moose, hören das gehölz im körper,
das räuspern, husten, die spasmen der baumwipfel,
offensichtlich: der trockenstress der augäpfel, die rinde,
horn- und bindehaut. das sind die landschaftsintarsien
in der iris: der löschteich, die pupille weitet sich:
ein alter einschlagtrichter als sein eigener augenzeuge,
über dem ein unglücksbalken federt, bis er bricht: duck dich,
bück dich, dass sich die höckerlinie abdrückt am rücken,
dein buckel aufwirft einen trümmerberg. komm, streck dich.

IV

WOVON IST HIER DIE REDE? *knisterfinken*, sagt jemand, *kuckucks-spötzkel*, notier dir das und sprich mir nach, *pittenpapenpüffkes*.
das alles verblüht dir auf der zunge, so sehr du dich bemühst,
den mund durchgrünst. es braucht eine ganze pinte, vielleicht
die dahinten, um das idiom zu lernen, seine klamme artikulation,
bis es richtig knirscht, staubt. dann brauchts auch die brauerei am ort,
sie ist größer als das dorf, größer sogar als der durst, *prost! du fährst!*
ich mach schomma die döppen zu, während der nachtfunk knistert,
im suchlauf sich verliert, wiederfindet, sich verliert, wir hören das
lokale radio hundertkommaX, wir sprechen die sprache, verstehen:
nullkommanix.

V

WAS WIR SEHEN, WENN WIR BEGEHEN DAS GELÄNDE?
wohnsitze, hochsitze, und in der flugbildprojektion
die fundamente der arenen der bezirksligisten,
die ungereimten äcker, dackel, karnickel, und wir waten
immer noch durch kohl, kartoffeln, kohle, das schloss
da oben ist ein kraftwerksblock, *wie von kinderhand*
gezeichnet. wir werden begleitet vom tinnitus im wind,
dem klirren der seile an den fahnenmasten der tankstellen,
die spritpreise und ihre laufzeiten, laufweiten. im verkaufs-
raum leuchten die brennstoffzellen in den kühlschränken.
dabei hatten wir uns so gut eingerichtet an den dritten orten,
haltestellen, spielplätzen, den anspruchslos möblierten
kreisverkehren, so sah sie aus, unsere vorstellung
von *vielfalt, eigenart, schönheit*, während wir kursieren:
landkreis, kornkreise, mittelkreis, taxieren: die bildqualität
beim eintreffen des *angenommenen, aufgeschlossenen*
durchschnittsbetrachters.

aus dem inhaltsverzeichnis

idylle mit bundesautobahn
idylle mit bombentrichter
idylle mit langzeitzünder
idylle mit schwermetallen
idylle mit autohaus
idylle mit beleuchtung
idylle mit kläranlage
idylle mit kernkraftmeiler, kühen, kühlturm
idylle mit monokultur, mais
idylle mit carport
idylle mit fernverkehr
idylle mit flughafen
idylle mit bushaltestelle (eine kapelle: warten und beten, dass der bus kommt)
idylle mit adorno
idylle mit jesus am kreuz
idylle mit truppenübungsplatz
idylle mit eichenprozessionsspinner
idylle mit waldbrand
idylle am rande der datenrate
idylle mit »gleichwertigen lebensverhältnissen«
idylle mit rasensprenger
idylle mit deutschlandfahne im garten
idylle mit wühlmäusen im grünkohl
idylle mit wachhund
idylle mit fallwild auf den bundesstraßen
idylle mit wanderparkplatz und münzfernrohr

die mundart der milchkühe

LÄNDLICH DER MUNDRAUM: die zunge und der weiche gaumen,
die dialekte ziehen sich längst aus der fläche zurück.
mit einem groschen ließe sich vielleicht noch ein rostiges wort
für groschen aus dem automaten ziehen, dem letzten
vor der autobahn. ein grauschnäpper im blumentopf presst
eine halbe volksliedstrophe aus dem kropf. ein hund
schlägt an auf platt. beim zensus entdeckt man aus versehen
blinde flecken. also werden seelen gezählt, schäfchen, silben
auf den klingelschildern. hier schultheiß, schulte,
da neumann, neander, unter ferner liefen dann:
bachum, tacken, balachesen.

bald steht DER HOF AM DRUBBEL UNTER DENKMALSCHUTZ.
wir begutachten den zeugniswert, alles mit bedeutungs-
überschuss: da ist die lage nahe an der isoglosse,
der zungenschlag, wie der kötter küert, den köter ruft
und töle, die blagen, und wie stikkum er sonst sitzt
am tisch, generationen im blick, wie sich die krumen
unter seinem küchenstuhl verteilen, die konstellationen
und bahnen des milchviehs auf der weide, die familien-
verhältnisse des bauern, der bäuerin, ihre bettwäsche,
der stallgeruch, die liebeslügen des agrarromantizismus,
die lichtbrechung der überschönen morgenröte in der
staubtrübung, den bugwellen der mähdrescher, der reh-
modus der vergrämer im getreide, zur weckzeit
der duckreflex der kitze vor dem maisgebiss, das stöhnen
der katzen auf den höfen, die vokalisierenden tiere
in den stallungen, wie die hähne schweigen, krähenattrappen, beflockt auf stoppelfeldern, *das freundliche
lockbild*, die farbwertskala der hühnereier, der zeiger-
pflanzen, nitrat und löwenzahn, die mistelbüschel
in den pappelkronen, der vollmond als role model
für mostäpfel mit frostschäden, die weigerung der erben
zu erben, der eltern zu sterben, die zukunftssorgen
der mägde, knechte, die mindestlöhne, der wörter-
bucheintrag: knecht, magd, der gilb in den
kalenderblättern mit den bauernregeln, ihr zeitlos-
überholter witz – alles bald geschützt.

BRACKWASSER in den umgewidmeten badewannen
auf den viehweiden, in der tränke schwappt
der himmel, trübe suppe. aber der geschmack
der grashalme, je nach mundart der milchkühe, feinherb,
rauchig, würzig, wie sie jeden laut zerkauen, käuen,
ölig, saftig, stumm. jeder versteht sie hier (blind
und blöd, wie wir sind), niemand sonst
versteht das. selten einmal, aber dann richtig:
kraftausdrücke, kraftfutter, momente größter zärtlichkeit.

die landschaft ist ein schwingboden,
DIESE GEGENDEN, SIE RIECHEN STRENG
NACH LINOLEUM, beißend nussig und
nach schweiß, orte, die nur samstag
nachmittag und sonntagmorgens
existieren: asseln, oberaden, massen,
im nächsten jahr brilon, meschede,
die zusammenschnüren auf die heimliche
ortsmitte am rande einer siedlung:
die turnhalle der städtischen grundschule:
geographien, die sich von spieltag
zu spieltag verschieben. die tabellen-
spitze der bezirksliga: nördlicher nur
die landesliga – terra incognita, alles
andere sind mythen, göttersagen – die
breitengrade der relegation, das niemandsland
der blumentöpfe, ananasse, alles darunter:
täler, tränen, trauer: bezirksklasse, kreisliga,
abstieg. nach jedem satz werden die seiten
gewechselt, ohne die seiten zu wechseln,
ein dutzend amateure wohnhaft in
schweiß, linoleum, ihren verwaschenen
trikots. drei sätze, vier oder fünf: ein knapper
sieg, eine glückliche, schnelle niederlage.
noch am sonntagabend schwingen
die landkarten auf der leine, trocknen
die salzränder der höhenschichtlinien
zwischen den hochgezogenen schultern:

sie zeigen das niveau an, auf dem hier
gespielt wird, das gelände, die klasse,
die eigene liga.

IM SCHATTEN DER LICHTGEHÖLZE fallen kaum noch zinsen ab.
die kurse für den waldrundgang, die lehrpfade verblasst
auf infotafeln von ca. anno 1982. *sie befinden sich hier,*
am rand der wandermöglichkeiten, die herzkammer, gedanken
an das alte waldbild, wie es in den stuben hängt, dem ober-
stübchen, wo das totholz lebt, die großhirnrinde, grillhütte,
der schlaf des sägewerks am maifeiertag, es arbeitet nur,
wenn es schnarcht. ein baumpieper als zaungast
in der mittagspause bei der ratssitzung der henkelmänner,
bis es dreizehn schlägt, baum fällt, jetzt einen harvester
für die äste in uns, einen lichthof für die gäste um uns.

SCHLACKSE, EIN PAAR BIRKEN, die landjugend.
nach dem regen der aufgeweichte boden
im bregen, rübe und kürbis – sie tragen die bürde
der börde hier: das herz ist ein acker, löss
aus der letzten eiszeit und schluff.
mit würde am weidezaun gibt sich die ehre:
eine schwarzbunte, hochwürden, ein beben,
die fliegen schweben um knapp eine tonne
lebendgewicht. kuhschubsen, eine *urban*,
eine *rural legend*. gesegnet sind wir
im vorübergehen, das rind schläft
im liegen, alles andere sind dreiste lügen.

DER HAUPTBRANDMEISTER HAT SEINE ROTSPERRE ABGESESSEN
und währenddessen die grasnarbe vorm gartentor vertikutiert.
im hinspiel gab es einen knappen auswärtssieg
auf dem kunstrasen hinter der tankstelle. zu hause
ist das tiefe geläuf, für das es stiefel braucht. trümmer
unter dem fünfmeterraum, zwei zentner, ein blindgänger
ohne zündung. oben lesen interpreten das spiel
aus den gräten der linksverteidiger. gegen die zweite
von drüben wurde am sonntag heftig getreten.
und schon während der predigt berechtigte zweifel
am schiri, das hobby des priesters. er schlägt ein kreuz
vor der brust, bevor er den acker betritt.

ortskerntangente

I

die karte blättert auf, im wind, im durchzug,
in gedächtnisfugen, sie datiert auf eine zeit
zwischen den eltern, den spalt in der kernfamilie,
und sie ist so gut wie fälschungssicher, denn,
achtung, es gibt hier *trap streets*, fallenstraßen, *paper*
towns und phantomkirchen: in der kartenfalte
die gardinenstraße, am rande des blattschnitts
dümpelt die bierke, ein wasserzeichen,
grenzt an die ortskerntangente

II

vor der tür entfaltet sich: die zechenkolonie, broca,
ein schulhof, dahinter: ein schulhof, wernicke, dahinter
der bannwald, eine übertreibung, letztlich ein schmales
gebüsch, ein längst überholtes bild, durch das du stromerst,
hinterherhinkst. was gestrüpp war, ist jetzt gepflegt. du
bist irgendwie verwildert mit der zeit, ein eigentlich
gut domestiziertes kind, du windest dich durch rinden-
felder, brot, acker, wiese, gehirn und es windet auf
in dir: ein gewitter, für das du keine sprache hast,
migräne, sturm, furchen auf der stirn, die parallelstraßen
zur dorfachse

III

dein nullmeridian, dein greenwich, die datumsgrenze
führt über die treppe in den ersten stock,
der höhenunterschied: gute 14 jahre unter normalnull,
das zimmer eine höhle, eine sternwarte mit blick
in die gärten, konstellationen von fallobst, äpfel,
kirschen, pflaumen, birne, teppichstangen, die tore
zur welt: jugoslawien, polen, marokko, türkei.
eine weltreise ist es ins königreich westhusen, nach
drensteinfurt, ahlen, herbern, bönen

IV

mach die tür auf, das blatt, die karte im maßstab
eins zu eins. setzt du deinen fuß darauf,
ist das urkundenfälschung, aber: *all maps are wrong,*
so setzen wir auf die autovervollständigung
der umgebung, ihre verballhornung, die verklärung:
box mich höflich, am roten ohrläppchen und
die witze, die missverständnisse: die *hitze-,*
die *wibbelt*-straße und das niemandsland,
ein ungemähtes planquadrat, auf dem jahrelang
ein autowrack versank, und dahinter wohnte
stiller, ein zeuge jehovas, der nicht glaubte, glauben wollte

V

lippe, mein fluss, lupia und labium, eine erzählerin,
ein falscher wolf, der durch die schwemmwiesen
auf den stummen karten schlüpft und schleicht,
schweigt. den flussverlauf, das philtrum und
den amorbogen musst du auf der schulwandkarte
selbst einzeichnen und beschriften. das fällt dir leicht.
das papier quillt auf. lippe, mein fluss, unerklärbar
nur aus seinen wassern, schwer, *da* jetzt noch die kindheit
rauszuschmecken. holüber, rufst du – und willst doch
nicht auf die andere seite, fährst weiter auf dem treidelpfad,
im schlepptau tage, jahre, die eingedeuteten wölfe, wie sie
wandern, schweigen hinter dir, den flusslauf erzählen,
mitten durch die stummen karten schleichen

VI

du stehst im hausflur, in der feldflur, inmitten
eines wörterbuchs, wir, ihr, sie, die lücken,
die flecken, die straßen der ersten zwanzig jahre
stehen jetzt im bücherschrank: dein pirschbezirk
nicht unbedingt die wälder – der sundern, das
röhrken, der kappenbusch; dort erstreckt sich
das feldwegenetz, durch das man die schoßhunde hetzt –
sondern die siedlung, *jede der biographischen straßen,*
was dort gesprochen wird, passt auf keinen spickzettel.
jede familie ihre eigene sprache, ihre streichholzschachtel,
drei idiome passen hier in einen satz, mindestens, dazu
das platt, in einem wort, einem laut, in einem schrei
das ganze schmale lexikon

VII

knobeln, schocken, pumpen: rechts die trinkhalle, links
eine kraftkammer, klitsche; überhaupt die ganzen buden:
relais, an denen die kutscher pausieren, pferde,
malocher, löschwasser in den flaschen, und hinter jeder bude
ein verschlag, auf keinem kataster. hier zwei fragen nur: *und?* und:
pils – oder export? frühschoppen, keine frage der uhrzeit,
sondern eine der haltung. das kollern der würfel
im lederbecher (gegen den koller). rentner, arbeiter
(vereinzelt -innen mit den kindern) und husten, namen
wie uddo, kalla, kaschuba, namen im dativ: heinken, langen,
dahinter ragte das sogenannte hochhaus mit den zwillingen auf,
die alle für zurückgeblieben hielten, doch: wie hoch war das haus
überhaupt und wie beschränkt die zwillinge wirklich?

VIII

das archivgut deiner straßenzeilen, meiner, frühe
peilungen inmitten der gemarkung: die trigonometrischen
punkte dieser nachmittage: die straße zwischen altem geld
und alten hypotheken, zwischen dort, hier, das halb-
wüchsige fahrrad vor der tür, bis man es klaute,
der bau an der ecke mit den sogenannten *gestalten*,
dem münzstromzähler und gegenüber dem münz-
fernsprecher ganz in gelb, gelegentlich glück: vergessenes
restgeld in der rückgabeschale, schließlich das fahrrad wieder,
die kleine diebin, sieben, die kleine wiese, die große: die
bezirksbücherei der hunde, die runde, die große, die kleine
bei schlechtwetter, um den block, bolzplatz, die dreifach-
sporthalle, den kamp, ein gedicht über den spielplatz
am kamp, der marktplatz als parkplatz am markt,
die bahnbrücke ist neu (im pfeiler die katsche, mama,
der unfall), der blick auf die beiden gleise, der geruch
des vorortbahnhofs, nach der modernisierung:
ganz der alte, die güterwaggons und die oberleitung,
fünfzehntausend volt und eine traueranzeige, die zeche
und ohne die zeche ein dorf, schlagende wetter, zwang,
kriegsgefangene, der vatersvater, der 68 im berg blieb, ohne
glückauf, *gäste*, die man arbeiten lässt, der vogelsang,
der hämmschen, vater als kind, die kleine sporthalle, vater
darin, das freibad aus den 70ern, der abriss über nacht
um die jahrtausendwende, der sprungturm und das trauma
überdauern, die klippe, hallenbad und ein spätes, sehr spätes

seepferdchen, das stadion und die aschenbahn, die vereins-
geschichte ist ein wirtschaftskrimi, unverfilmt, die gartenstadt,
dahinter langsam, aber sicher bauerschaften, ortsgrenze,
die fährten ins ungefähre, darüber hinaus, jenseits der frühen
peilungen, frühen nachmittage, frühen neuzeit

IX

junge, junge, deine landkartenzunge, ihr anstrich,
die besiedelung: ergrautes milieu, vertrautes:
zuhause. das straßenbild ist abgeschilfert, frost-
aufbrüche, die fahrbahn ausgemagert. der trost
der straßennamen, imbusch, stegerwald, minister
stein, wie von bekannten, nahen oder
entfernten verwandten, krüger, pünder, glückauf:
dein mündliches gedächtnis, sag, wie man auf türkisch
zählt, auf polnisch flucht: vergessen. aber wenn du's hörst,
dann weißt du's wieder, *głupi: bir, iki, üç* – hausnummern,
blasse engramme – immer noch viel arbeit in den kellern,
küchen, knochen, das liegt dir alles auf der zunge,
deiner straßenkarte, vielleicht ein erstes gedicht,
los, lies, laut – mach einen abstrich

im gleisbett vor hörde

brennnesseln im bahnkörper, brombeeren,
blindschleichen, eine kreuzotter, IM GLEISBETT
VOR HÖRDE, gefilde, gestade. *ich war noch nie*
am phoenixsee. der zug schwelt auf freier fläche,
gewesene ebene zwischen abstich und abstich.
jetzt brennt die hütte, der schatten der fackel
über den alten emschersümpfen, der staub
ist in den boden eingewaschen, *die emissionen,*
am horizont lodert ein sundowner, ocker
und schlacke, eingetragen in die parkanlage:
geheime reichssache, genickschuss, trichter,
bergwerkstollen. der hörder keller, topographie
mit schwermetallen, stahl. die birken hier:
fehlende pioniere, ein schwerer seufzer am seeufer.

IM GESICHTSFELD WÜTEN DIE SCHWARZKITTEL: vorgarten,
mittelkreis, sie fürchten das silodenken der maisfelder,
-kolben. ein waldweg unterläuft die autobahn,
die erste fähe heult hier wieder mit dem fernverkehr
quer durch ihr revier. zwischen den stämmen eine glut,
die weggeschnippte kippe gottes, und der hochsommer:
wie von uns gemacht, als brennte der forst im sonnenuntergang,
der stollenbach auch, schwermetalle glitzern in der vorstellung,
beschwörungsformeln: quecksilber, salzwasserzuckmücke.
das grubenwasser salzig wie die ostsee hier im norden
vom westen, ganz hart an der grenze, nordnordwestwestfalen,
eine steppe mit oase, badesee im torfmoor, schwarzbrot, gülle,
rübenkraut: nahbereich mit wolf und abendbrot.

VERTRAUT IMMERHIN die halden-
familie sundern, humbert, franz, irgendwo
dahinter klingt noch der kernkraftmeiler
aus den untiefen des 20. jahrhunderts ab,
historische landschaft, die heute klingt
nach kiebitzen, stau, schafen, sinnbilder
der langsamkeit; was wir von hier aus
bei klarer luft sehen können, ohne
hinzuschauen: das südliche land, das
beschwerliche, saure.

IN DEN SEELENLANDSCHAFTEN stehen natürlich
auch windkraftanlagen, ganzjährige saisonkräfte,
die über kopf arbeiten, lesen. das klima hier
ist nüchtern, die erregungslinien am horizont
sind flach, im herbst allerdings hat man hier oft
und leicht einen sitzen: das vergorene fallobst,
pflaumen, äpfel, schnaps in der luft, spazierengehen
wie frühschoppen, atmen, inhalieren, sauerstoff.
das landschaftsbild verschwimmt, der autohof
ist nah, er kann nicht schlafen, der laufende motor:
die tonspur hinter den seelenlandschaften.

LAND IST DA, WO LANDWIRTSCHAFT IST,
die städter plündern den erdbeerhof
am sonntag, windräder, maisfelder, gülle-
flavour, auf den friedhöfen wandeln nachts
die kupferdiebe, kastanien in den taschen,
ihr glanz. *man zählt hier noch und wieder:*
bäcker, bank und bus, einen netto, zwei
metzger und ein dutzend flüchtlinge. wir
sind jetzt übrigens wieder wolfserwartungsland,
angstland. was viele sehr beschäftigt hier:
ob der feldweg zur kreisstraße wird.
der bürgermeister, übriggeblieben, ein zeitzeuge
aus den 90ern, man ließ ihn einfach – weitermachen
zwischen spargel, weizen, gerste, kleegras, erbsen,
bis zum wiedereintritt in die grundschulklasse
am nächsten wahlsonntag, bis zur urne, ach
weiter noch, am besten, bis schließlich
eine sackgasse im ort nach ihm benannt ist,
die sich öffnet:
    auf einen acker hin, eine brache, bauland.

es gibt hier ANGSTGÄRTEN, vor und hinter den häusern,
auslegeware in gut geführten amtsstuben, vegetationsdecken,
spannteppiche von wand zu wand, die nutzschicht
darf nicht betreten werden, sie ist nur zur zierde, lebensbaum,
buxus, aktenschränke, hängeregister, grüntöne, fast alle
der natur entnommen, in den behörden herrscht ein streng
hierarchischer farbcode: grün ist stets dem minister vorbehalten, rot
den staatssekretären. nach feierabend oder vor dienstbeginn
wird der rasen gründlich gesaugt, abgestaubt.

mitten in das FILIALSTERBEN DER DORFKIRCHEN
und schleckermärkte schleicht sich
ein fuchs durch die aufzeichnung
einer überwachungskamera der tankstelle.
komm, ölwechsel, sagt vater, gießt likör
für alle ein. neulich hat man auch hier
endlich einen geldautomaten gesprengt.
der ort ist umzingelt – von hidden champions,
von windrädern, vom kampf der bürgerinitiative
gegen die windmühlen, ihren gefühlen, dem
gegenwind, unterdessen wird der sportpark
wiederaufgeforstet und wegen unbespielbarkeit
des platzes der wochenmarkt am samstag abgesagt.

DAS DORF IST ZIEMLICH ALT GEWORDEN,
es ist im grunde nur noch ehrenamtlich hier,
führt selbstgespräche über seine 800-jahrfeier
in den späten 70ern. ausgestorben
sei die dorfmitte, aber das stimmt so nicht,
sie ist noch immer angeschlossen
an einen geld- und einen zigarettenautomaten,
die herzlungenmaschine. schütter die hecken
um den schotter, irgendwie hager, in den vorgärten
vorherbst. die zukunft ist noch sichtbar,
man kann sie regelrecht zählen: die solarpaneele
auf den eigenheimen, leeren hofstellen.
im kirchturm nistete seit je ein falke,
einer dorfnovelle entkommen, in seinen ohren
klingen noch die lautverschiebungen
der glocken. aber, zugegeben: unverbaubar
auf der regenseite ist der freie blick
auf die bundesauto- und die bundeskegelbahn
auf der sonnenseite.

DAS KAFF LIEGT ZIEMLICH GÜNSTIG,
am aufgelassenen tennisplatz, grün-weiß,
früher blau-weiß, an der renaturierten mini-
golfanlage, am mahnmal für das städtische freibad
in gestalt eines städtischen freibads, es liegt direkt
am schützenplatz, am kreuzweg, der am hang liegt,
am arsch, am friedhof, am anderen ende
öffnet sich das dorf zum waldparkplatz, dort
sichtbar schon vom aussichtspunkt: das ausflugslokal
zum umgekippten löschteich, dieser belle belle vue,
der honigtopf für alle schwärmer, der schönheitsfleck
im antlitz unserer gegend.

einpendeln, aus

I

einschlafen, aufstehen. die vogeluhr
hat keine schlummertaste, amsel,
buchfink, kohlmeise, eine lautfamilie
aus wecktönen, die warngeräusche
des lieferwagens, wenn er rückwärts
einparkt, ausparkt. das schlafdorf
wacht auf, hat schlecht geträumt, ist
morgens müde, nach feierabend wieder.
wird sich das jemals richtig einpendeln,
auspendeln?

II

an der gemeindegrenze wechseln ortszeit,
währung, klimazone, der traum von der bi-
lokation, hier sein, dort sein, fort sein, und
schon am grenzstein ist vergessen,
wohin man eigentlich wollte: büro, baustoffhof,
begräbnis. der türeffekt. ach ja, die lohnarbeit,
das arbeitsgedächtnis, immer diese wege,
das doppelleben pflegen, dienstlich, privat,
die überwindung der gegend, die hingebung
an den toten punkt, die überstunden.

III

auf dem rückweg schwingt das wetter um,
einpendeln, auspendeln, das alles zieht sich:
am foliensspargel vorbei, unter den wolken, an
den musterhäusern. normalerweise lässt sich
auf dem landweg etwas zeit gewinnen, bevor
am stadtrand aufscheint: das finanzamt, der
schlagbaum, die bahnschranke, oft entsteht
ein rückstau bis zum möbelhaus, zur bettkante,
man kommt sich näher, entfernt sich wieder,
pendelt ein, pendelt aus.

IV

unterwegs buckelt ein rücken auf einem fahrrad
über die kuppe, am scheitelpunkt kommt er
sich selbst entgegen, gealtert um einen
friedhofsbesuch; am lenker die gießkanne,
der elefantenkopf, sein -gedächtnis: die trophäe
schlenkert, pendelt: ein, aus, glocke sein
und klöppel. die schaukel läutet am baum, das kind
holt schwung, streckt, beugt, arme, beine,
springt am scheitelpunkt, landet in den veilchen
am zaun, die schaukel baumelt, hin, her.

V

mitte-rechts und mitte-links, wechsel-
wähler in der nachbarschaft. man schaut
den leuten doch nur *vor* den kopf, aufs maul,
unser stadtteil ist ein swing state, katzenklappe,
westerntür, die zugvögel berufspendler,
für den moment in ruheposition. wohnen
oder arbeiten sie hier? wie die vollernte-
maschinen, sie haben schon wieder
die nacht durchgemacht. sommerzeit,
winterzeit, teilzeit, vollzeit, gleitzeit.

VI

die arme pendeln beim spaziergang aus,
ein, soll und haben, einatmen, aus,
geben und nehmen, krieg und frieden, bed
and breakfast, hammer und nagel und
schlägel und sichel, wind und wetter, salz
und pfeffer, ja und amen, kain und abel,
castor und pollux und castrop und
rauxel, von höcksken auf stöcksken,
die treppe, der fahrstuhl, kuckuck und esel,
brief und siegel. einschalten, aushalten etc. pp.

altlastenkataster

vater, mutter, wald, DAS LANDSCHAFTSREPERTOIRE,
die ebene, der fluss, ein wasserschloss, die siedlung,
kreisstraße, siedlung, bach, der garten, die unzerschnittenen
räume, parzellen, das obst an den bäumen, das ehebett,
das kinder-, jugend-, gästezimmer, nach der eiszeit
BAUEN WIR DAS LANDSCHAFTSBILD NEU ZUSAMMEN: mutter, das bett,
das jugendzimmer, die siedlung, kreisstraße, der bach,
die siedlung, vater, das bett, der wald, die balkone, die zer-
schnittenen räume, die dreifachturnhalle, alle tischtücher, bettlaken,
nachmittage, feiertage, schuldfragen, die blühenden bäume, die zweige

HINTERM HAUS KAUERT EIN GARTEN, der hund
ist eine hündin, die mauern, mäuerchen
vom onkel, der sein hobby zum beruf: das mauern,
der den garten in den aufgegebenen anfang eines labyrinths,
ein aufgelassener irrgarten, denn: umherirren ist menschlich,
kindlich, kindisch: ein kirschbaum, ein pflaumbaum,
immer leicht überheblich in seiner haltung, dazwischen
die schaukel, das pendel, auf der anderen seite ist das gras
nicht grüner; die wäschespinne, waschbeton, ein apfelbaum
und immer, kurz vorm zaun, dauert mich der birnbaum, groß,
klein wie ich, er hörte einfach auf zu wachsen, ich
mochte ihn, seine knüppelharten birnen, wurfgeschosse,
nicht zum verzehr geeignet, stumme glocken, die
den herbst einläuten, gedichte, an denen man sich
die zähne ausbeißt wie an knüppelharten birnen.

dieser ort war von beginn an NAH AM WASSER gebaut,
parallel zum fluss hob man einen tränenkanal aus,
der das bett, den frühstückstisch, das elternhaus
mit der schule verband. so wirst du wach auf dem rad,
fährst obenrum über den damm, hast in wirklich jede richtung
gegenwind, während du weinst. die altarme und schweren beine
in den mageren wiesen, artenreichen weiden: jetzt bist du nist-
und brutplatz, schwemmland, eine jahrhundertkatastrophe,
wenn du so heftig über die flussufer trittst, die auen, die augen,
das röhricht im hauche. ach, dies heulen, das ist der wind, ach
kind, hör auf, das ist doch töricht in deinem alter, es sind doch
auch nur elf minuten, wenn du dich beeilst.

natürlich war der PAUL IM KRIEG, natürlich
schweigt er hinterher, nimmt alle bilder mit
nach untertage, züchtet kaninchen,
dreht zum sonntagsbraten den nagern
und kröppern die hälse wie einen küchenwecker
gegen den uhrzeiger. *es wird nicht diskutiert,*
mein jung, jetzt lass die frage, verdammich,
verdorri, lass gut sein, es muss doch reichen,
wenn ich mir täglich den rücken krummschufte,
an der arbeitsfront für diesen lohn eines steigers,
eines hauers. und was für ein hohn:
nach der kriegsgefangenschaft, kohle, kohle,
dann schlagwetterexplosion.

die wartung der maschinen

du legst dich hin und jetzt ist schichtbeginn.
wie spät ist es? wie alt bist du? fünf, sechs,
sieben vielleicht? du schläfst im kopfbahnhof,
in deiner wartungsgrube, über dir die diesellok,
ein poster, din A2, dein nachtzug, vater hockt
im motorraum, tauscht seine hände gegen maul-
schlüssel, engländer, ölt die kniegelenke. im schlaf-
anzug, im blaumann malochst du durch die nächte.
in zwangshaltung schuften, schlafen, schwitzen
im lokschuppen der krach, hinterm fenster
späte kinder in den nachbargärten. müde knochen,
schwere arme, schwarze nagelränder und
der sonnenaufgang: wie spät ist es? fünf, sechs,
sieben vielleicht? der wecker klingelt, die stempeluhr,
der feierabend, aufstehen, frühstück, vater legt sich hin,
dreht sich, wendet im rangierbahnhof, im schlaf
beendet und beginnt er seine frühschicht.

HELLWACH IST DIE LANDSCHAFT, noch bevor
ein frühaufsteher, bettflüchter sie durchstreift.
die vogeluhr tickt – wie verrückt, ahnt
den sonnenaufgang, der weit hinter dir liegt,
wenn du übermüdet aussteigst aus den wellen,
zurückkehrst an die quellen, von den quellen:
tischdecke, eckbank, eine spruchkachel. unser
altlastenkataster: vorstadt, heessen, die scheidung
der zechensiedlung vom sogenannten dorf
durch die hauptstraße der kindheit, *vororte,*
die einmal dörfer waren, käffer, jahresringe,
die sich um das elternhaus legen, wachsende
radien, hornhaut und schwielen, mittlerweile
hast du etwas angesetzt, dein eigengewicht
dem deines vaters angeglichen, alles
in die waagschale geworfen: den schweren schlaf,
die leichtigkeit der asche auf dem streufeld, dort
liegen sie, hellwach: frühaufsteher, bettflüchter,
sie ticken – dass es juckt, wie verrückt.

BALKON, DER HOLZTISCH, DIE BANK,
günstige möbel zum zusammen-
schrauben, mein vater, der blick
in die sterne, das wetter
hat den möbeln zugesetzt, der aschen-
becher, der rauch, die wolken, seine asche

WIR ZÄHLEN DIE NAMENLOSEN ANHÖHEN im umland,
widmen sie: ersten lieben, dem nachwuchs
der nachbarn, alten mitschülern, deren namen
uns partout nicht einfallen, lehrern, die wir hatten,
lehrern, die wir gerne hatten, verblichenen
haustieren, dem kassierer der tankstelle am dorfrand,
wir taufen sie jasminbuckel, blagendorn, lipphöcker,
taukoppen, tränenberg, K4, traumrücken, mons pubis, montekarlo

wie wir in der gegend stehen

WIE WIR IN DER GEGEND STEHEN alle paar meter
hängt jesus am kreuz: gottverlassen, der dreitage-
bart der stoppelfelder unterm grubber
der landmaschinen, hasen dazwischen, die das ganze
gewicht ihrer löffel tragen, ihre seher, blume, die
duftet, die lampe am brennen, auch tags.

STROPHEN UND REHE, in den semantischen feldern
ackerfurchen, stirnfalten nachempfunden:
eine alte bauernregel, untergepflügt, gedüngt
und nicht ganz aufgegangen. am feldrand
von einer hecke an der schulter berührt,
gäste, *rotkehlchen* in den ästen, den *branches*
am stammbaum, die wurzel ein stauraum,
ein versteck, und was dich hier w i r k l i c h berührt:
eine andere hecke hinter einem anderen zaun.

für und mit Friederike Mayröcker

letztlich wissen wir WENIG, NICHTS, VIEL,
die geschichte wächst, wuchert, wittert,
wir stehen längst mit einem bein
in der melasse, im sirup, im dampf
der maschinen, wir gehen in die pilze,
hinter internierten, geflickten, ge-
flüchteten, so stehen wir in der landschaft,
im gewebe des umlands, sind
eine sonnenuhr im garten. wenn wir
kommen, gehen, wiederkommen,
ist der garten ein räumliches gedächtnis,
das episodische, lang- und kurzzeit-
gedächtnis, das sensorische, ikonische,
echoische, implizite gedächtnis, unser
arbeitsgedächtnis, wenn wir längst wieder
zu hause oder noch nie hier gewesen sind.

HINRUNDE, RÜCKRUNDE, BRACHE.

der platzwart wacht
über die dreifelderwirtschaft.
nach spielschluss eine lache, wo
es im strafraum am letzten spieltag
noch lichterloh brannte.
sommerpause, nieselregen, im schuppen
krümelt der kreidewagen. aussaat,
wachstum, ernte, das punktekonto
steht im soll. abpfiff,
dritte halbzeit, abschuss.

nur noch DER BLÜMCHEN-BH AUF DEM WÄSCHESTÄNDER,
von letzten hummeln bestäubt, wir klappen
den sommer zusammen, der mehr war
als das summen seiner teilchen,
an der wand ist der herbst jetzt ein schatten
mit langen beinen, er holt uns die spinnen
ins haus (im frühjahr, da kam josefine,
eine maus, die nicht sang und hinterm
kühlschrank kabel verschlang), wir
wechseln die haut, das unterhemd
ist nicht länger verschwitzt, werbung
für neue kalender, die alten
gibt's für eine kleine schutzgebühr,
und ab heute addierst du:
januar, februar, herbst und winter.

migräne, aura
hemisphären

I

DIE LICHTMASCHINE STOTTERT, dein blick springt
immer wieder weg. wenn du genauer hinsiehst, blitzen
die blätter im licht wieder auf (das ist *die neuropathologie*
einer baumkrone bei windstärke 5–7), die übersprungshandlung
deiner sehrinde,

ein sturm kommt auf und würfelt, was du siehst,
die augenzahl fällt dir nicht ein, so unvollständig das gesichtsfeld,
das sind komplett geflieste räume, dein darin schwimmender blick,
flimmertierchen auf der linse, es kreuzen zwei lichtscheue
rehe: visionen, chiasmen, zwei augen, ein hirn

II

AUSPIZIEN bodennah, die formationen der gewitter-
würmchen taxieren noch die isobaren: das messergebnis
eine notenschrift auf deinen unterarmen, ein stummer chor
von komponisten, ein organ für luftdruckschwankung, das dir
um die ohren fliegt, *der wasserdampf hat seine höchste spannkraft*,

in der großwetterlage kippt die milch, wie
ein baggersee am ortsrand. die halbierten gefilde, links das gewitter,
rechts erstreckt sich die landschaft, dort hältst du dich
am stromzaun fest: brainstorm, wetterscheide, umspannwerk.
der drehstrom ändert die richtung, der kopf ist rund

hier ein stein, hier ein grab und *hier ein baum*: unveröffentlichte
blätter IN DEN HERBSTARCHIVEN: viel wind ist hier und wenige,
die beim frieren weinen. der kirchhof, ein entwurf mit hintergrund
und friedhofsgärtner. fehlt ein hund, der trocken knarrt,
ein glockenschlag, der tote weckt. doch gottseidank: das bild,
der stein, der wind bricht vorher ab.

bismarckstraße, kurze belichtung

glasig schielt der vollmond in die scheiben, säuft
im lichtschmutz konkurrenzlos gegen sky-beamer ab,
liegt, wie eine münze in der pfütze.

nach mitternacht knacken die wagen, unter den hauben
tauchen die marder und gleiten weiter wie an schnüren,
nagen an bremsschläuchen, an blindschleichen herum.
in der nachbarschaft rufen die einen den großen bären
die anderen in quizshows an. in den schrägparkplätzen
ruht der verkehr.

irgendwann nach zwei oder drei wurde ein reifen
erstochen. ein verstorbener schuh ruht in frieden.
altkleider war gestern. ein leichenwagen hält
in zweiter reihe. der fahrer hustet schlimm und
wohnt bloß hier. der letzte frost zieht noch
in dieser stunde herunter von forst.

erste hunde drehen eine runde, um die zeit
fangen die gelöschten ampeln wieder an zu brennen.
ein standlicht sediert vergessen eine batterie.

kurz nach fünf werden die stellplätze gesperrt und
container landen an. ab jetzt gibt es hier kein richtiges
parken im falschen mehr.

so um sieben donnern müllarbeiter tonnen
durch die flure, läuten wecker wachzustände ein.

vor dem fenster zwitschern erste fahrräder vorbei:
die letzte ölung liegt monate, vielleicht jahre zurück.

dann leckt auch die gratiszeitung aus dem postfach
kühle luft, prospekte rollen sich wie zungen.
denkmalschutzplaketten blättern ab. ein bildfehler
stößt von innen gegen glasfassaden. gegenüber
in büros wird schon getagt und genächtigt.

nach zehn uhr fällt eine schulstunde
überraschend ins wasser und der hausflur
wird gewischt. viel zu früh am straßenrand
steht ein kind wie ein hydrant. ein mofa mäht vorbei.

im nahen tierpark grasen die schafe. tanten
füttern enten mit ihrer rente. währenddessen
wird mit teer die schlaglochblüte im frühling gedüngt.
gegen mittag beginnt der doppelstockbus
seine citytour mit einer leerfahrt nach der anderen.
am rand wird jetzt ein reifen gewechselt und
der radstand mit der uhrzeit verglichen.
ein nachbar überwacht das; mit ungeduld
liest jemand strom- und wasserzähler ab:
alles eine frage der zeit.

an den laternenmasten sieht man hauskatzen
auf fahndungsfotos, und auf wahlplakaten
soll sich arbeit wieder lohnen. während der kiosk

zigaretten lose vertickt, holt einer noch schnell
mehr butter vom *netto*.

halbstündlich rauscht ein zug hinter das viertel.
wenn holland nicht wär, so heißt das hier,
läg man am meer und sähe zu, dass man
noch land gewinnt.

nach fünf ist endlich feierabend und autos reisen
nach jerusalem mehrfach um den block.
ein schlüsselbund klingelt vor der tür.
was derweil im schritttempo passiert: hacken-
porsche, basecap, *lidl*-tüten.

kurz nach sieben irren sirenen, eine fehlermeldung
von notarzt oder peterwagen, ein flugzeug
von maastricht lässt eine wolke blinken.
viertel nach acht wird ein brennpunkt gesendet.
draußen vor der tür verwaisen gelbe säcke
jetzt schon vierzehn tage ohn‘ erbarmen.
weiter hinten spinnt der alarm von einem polo oder
einer pommesbude. ein windhund hört die katzen bellen.

nach neun klingelt im hof ein telefon,
dann reißen die verbindungen nach kapstadt,
nach lippstadt ab. um zehn ist börsenschluss
in NYC. am bankomaten werden PINS
mit geburtstagen vertauscht. streifenwagen

ziehen an baustellen vorbei: *auf dass hier ja*
kein kupferdraht, kein eisenträger über nacht
noch den besitzer wechselt.

dann ist elf: das feuerwerk vom kirmesplatz
zündet testgewitter übers dach. ein wackelkontakt,
mehrfach kurze belichtung des viertels, aber nichts,
nichts, was sich entwickelt.

hopfen, ostersonntag

BRAUCHTUM, BEOBACHTUNGEN IM FEBRUAR, kurz
bevor die stimmung kippt, elf nach elf:
ein clown, die autoscheiben freikratzend,
ein astronaut am geldautomaten,
ein pilot, sturztrunken. im bus ein soldat
in zivil, verkleidet als soldat
in der eigenen uniform, ein hirsch
in wildlederjacke, ein cowboy,
der einsteigt in einen wagen
der aachener autodroschkenvereinigung.

DER ERSTE BLICK ist unbemannt, notgelandet
aus dem schlaf. du warst noch vorher
unterwegs im luftraum von brunssum,
teveren, zivil von maastricht, dieses dröhnen
in den innenohren. aufwachtraum
vom fliegen. havariert ist dein gesicht,
die augen aufgeschlagen. auf dem gartentisch:
am morgen die bedrohung, ein gleiter,
eine drohne, auf dem balkon die flügel
styropor, die kosten: ein vermögen.
am boden der pilot ist außer sicht, zählt
jetzt im unterricht das taschengeld. der pauker
hat ihm grad den krieg erklärt, *nachmittag flugschule*.

DIE ZIVILE DÄMMERUNG, im mai
so zwischen neun und halb zehn,
das licht reicht gerade noch zum zeitunglesen:
am samstag der funktionstest der sirenen
bei westwind, morgen kommt die schafskälte
und gestern brannte eine gartenlaube im norden.
gegenüber blumenkübel aus beton, panzerbrecher.
das unkraut, beikraut sagt man, und der zuflug
der samen über die zäune, der zuzug, *unsere sicherheit*
wird auch am kirschlorbeer verteidigt, am lattenzaun.
im hinterland der gratiszeitung, mais und zuckerrüben,
reimt sich die feldflur auf monokultur.

MOBILFUNK IST GLÜCKSSACHE, in den serpentinen
halten sich die schüler an den empfangsbalken fest,
es gibt für sie kein netz. nach der sechsten stunde
kämpfen sich die busse an den webseiten
der vorortfirmen vorbei (*tiefausläufer*
der gutenberggalaxis), sie setzen die kinder
an milchkannen, telefonzellen und funklöchern ab.
und immer hinter diesen feldern kippt ein schlager
aus flandern in den WDR. *met jou wil ik de hemel zien.*
das handy tickt im radio, findet spät erst zu sich selbst.
im talkessel hat man drei weitere gemeinden vergessen,
stattdessen kuhställe und weiden mit breitband versorgt.
die schüler träumen von flatrates an tankstellen und
die älteren geschwister schwärmen von den
sonnenuntergängen hinter den getränkemärkten.

flandern, rundfahrt

I

HOPFEN, OSTERSONNTAG, kopfsteinpflaster.
das land wartet, wettet oder betet, regnet
auf straßen, plätze, betten. das rennen
startet früh und endlich schaltet sich
das live-bild zu: *der himmel in der farbe*
der türme von brügge und gent, wiesen
liegen auf dem rücken, sumpfgebiete
dümpeln, die mühen der ebene, die mühlen
schlagen ein kreuz, das fahrerfeld flutet
die dorfstraße, umspült den kreisverkehr,
passiert: marktplatz, kirche, pilger, wälder,
nicht älter als 100 jahre, äcker, höfe, trecker,
namensvettern: essen, herne, bocholt
(die partnerstadt von bocholt), mehr biersorten
als ortschaften, alle von breughel gebraut, alle
sicher irgendwo auf mercators karte, diesseits
des belgischen äquators, alles jenseits:
inneres ausland, welsch.

II

DIE FLÄMISCHEN MEISTER, jean-marie
pfaff, niklaas, van ostaijen rollen locker
mit im peloton – über lehm, über flaum,
darunter liegt ein lebensgroßes schlachtenbild
vergraben, *wo die zukunft eine vergangenheit hat,*
stranden die panzer im schlamm, lagern archive
zerrissener biographien im sandboden, nachlässe,
zonnebeke, passendale, regionen
der nördlichen hirnhälfte, es umrundet meiler
und mühle (*doel moet blijven*), ein einsames
fotomotiv, containerkräne, es schiebt sich
zwischen küste und betonriegel am meer, zieht
im windschatten eine frische brise, eine fahne
hinter sich her, schwarz auf gelb: ein löwe,
in biersauce geschmort, ein gericht
nach flämischer art.

III

geest und marsch, DAS ÜBERSPÜLTE
NIEMANDSLAND ist buntgeschossen:
blau, grün, gelb und rot, die trikots
der landesmeister, das des weltmeisters.
wir sehen außenseiter, ausreißversuche,
– zum schein, im ernst, für die kameras,
und ein hauptfeld, über hundert
nähmaschinen, die den riss notdürftig
wieder flicken: *niet splitsen! – barst!*
im tourfunk knistert das radio
vor schlechten nachrichten, es rauscht
in einer kneipe, durch die rauscht
das fahrerfeld, darin sitzt claus, er
hat keinen kummer mehr, er *ist*
der kummer, der sich selbst vergisst.

IV

irgendwann sind wir TIEF IM LAND
DES KOPFSTEINPFLASTERS: *kasseien*.
es ist klein geworden, selten.
der tross stottert, störrische esel,
die sich auf den rüttelpisten quälen,
die *hellingen* hoch, zur kapelle,
die hölle hinab: das sind die bilder,
die alle sehen wollen. den passionsweg
meistern sonst nur rustikale landmaschinen,
aber gott schiebt selbst mit an, oder
schmeißt sie, wenn er nicht mehr kann,
vom rad: *das* sind die fußfälle, andachts-
übungen, die er sehen will. zum lohn
gibt's hostien, gebrochene kniescheiben,
verbotene substanzen: das pflaster,
das noch stunden-, tage-, ein leben lang
im körper nachvibriert.

WIR SCHREIBEN APRIL, den briefen beigelegt
sind liebesgaben der familie. orte, porto, schützen-
graben. oecher prente und ein *schnauzenhobel,*
den wir reihum blasen; stramm, hauptmann
der reserve, wird verladen:

wir vermuten nach ypern, wittern aprilwetter,
fiebern im telegrammgewitter der waggons:

> *über maubeuge.* stop. *lüttich.* stop. *verviers.*
> stop. *alle bahnhöfe gesperrt, halte in herbestal*
>
> *einen postbeamten fest, kennt mich*
> *von früher, kennt vater, bitte*
> *telephonieren! tut es! in aachen*
> *1 minute halt. sehe nichts.*

und wir schreiben noch august, schreiben verluste,
nach aachen schicke ich daher kein dementi,
wir schreiben den ersten september.

das wetter in ypern

von wo du auch kommst,
kein weg führt an ypern vorbei, kein gedicht
führt ganz an ypern heran.
ypern ist die partnerstadt von siegen.
ypern, ein flusslauf mit ulmen am ufer.
die gegend bei ypern ist flach, der boden ist weich.
ypern ist sehr viel älter als ypern,
ypern ist nach ypern nicht mehr dasselbe.
ypern ist weit mehr als ypern.
jetzt ist ypern meist nur noch ypern.
wo kann man gut parken in ypern?
wo geht man gut essen in ypern?
wie ist das wetter in ypern?
(aus welcher richtung, das ist wichtig,
weht der wind?)
was kostet ein einfamilienhaus in ypern?
die zeitrechnung: vor und nach ypern.
ypern aber ist viel größer als ypern selbst.
die ganze welt kennt ypern.
es gibt ganz sicher auch ein ypern in dir,
in mir, in ihm, in ihr.
wer liegt noch im schlamm vor ypern? und wer
lebt jetzt in ypern? und überhaupt:
warum eigentlich ypern?
wo liegt ypern wirklich?
in europa, in belgien, in flandern,

in der nachbarschaft, im garten,
im gästezimmer, unter der fußmatte,
hinter der schlafzimmertür,
in der jackentasche: wie ein loch, eine fluse,
ein belgischer franken.
im zweifel ist ypern überall. ypern steht jetzt,
wo ypern stand. in ypern wird jeden tag
der zapfenstreich geblasen. der ypernbogen
ist ein bodengedächtnis: im umland von ypern
fahren die bauern aufs schlachtfeld,
wenn sie den acker pflügen. unter der krume
messer, helme, ein rasierpinsel, knochen,
blindgänger, eine fahrradpumpe und ein gewehr.
wie schmecken vor ypern die erdbeeren heute?
und was erzählen sich die leute so in ypern?

annette, passante, tangente

eine kleine streiferei

in den blick einwässert
die gräfte, das stehende gewässer, enten-
grün, -grütze, das spiegelbild ästhetischer schwäne,
der kanadagänse, auf dem giebel
noch mehr ziergeflügel: ein kormoran (das wappentier,
das fische frisst, und im wappen der droste?
ein fisch!), wie dort hingemeißelt.

ein wetter zwischen wind und regen; wie sie hier
mit dem alten zossen, dem stahlross, dem niesel trotzen,
et meimelt, ist nasskalt, annette ist eine passantin
im feldwegenetz: sie kommt hier vorbei,
macht hier kurz rast, *sie führte dabei zumeist*
ihren leichten berghammer bei sich, sie kam selten
heim ohne taschen voll kiesel, feuerstein, sie joggt
mit musik auf den ohren, fährt auf dem rad, ein hund
trottet nebendran (ein münsterländer, natürlich,
ein stockmünsterländer!), sie bleibt ein paar jahre,
auf einen kaffee, eine buttermilch, ein zucker-ei
mit schücking, es zieht sie ins moor, in die heide,
in die mergelgrube, nach *cöln* zum karneval, zur tochter
der pächterin (die geschichte der buttermilch), zu levin,
dem pferdchen sein mütterchen, es zieht sie
in die gedichte, annette passiert, bis heute,
ANNETTE, PASSANTE, TANGENTE, eine fußgängerin,
die sich nähert, uns streift, verschwindet,
sich nähert, uns streift, verschwindet

REGEN, REGEN, IMMER REGEN! satt sein nach dem ganzen durst
und ein jahr ruhe in der fruchtfolge, das wär's.
die wolken ziehen grußlos, schicken ab und an
ein telegramm zu boden, knappe botschaften
des regens, unlesbar, weil sie gleich versickern, -dunsten.
einfach so zu liegen, in der natur der sache, in den parkartigen
kulturlandschaften von weiden, äckern, streuobstwiesen;
die wurzeln: hände, die sich eingraben, festhalten. locker atmen
durch den lehm, die kreide, den mergel, den geräuschlosen
lärm der greifvögel unter den wolken. bühne und garderobe sein
für das auf- und abtreten im kammerspiel der feldmäuse, das wär's.

DAS BODENGEDÄCHTNIS reicht tief, es schichtet sich und wandert.
wer soll sich das nur alles merken, von der kreide bis heute?
im untergrund rauscht noch das urmeer durch die poren,
so lange her, das ist schon kaum noch wahr, aber
es ist im grunde alles immer noch da in den bodenhorizonten:
die devonischen schichten, darüber karbon, die steinkohle (und:
die gedächtnislücken von perm, trias, jura), die richtig mächtigen
schichten: sedimente, kreidebecken. skandinavische eismassen,
verfrachtungen von sand und löss im wind. jetzt liegen wir hier
und denken nach über jagd und getreide, liebe und arbeit, mauern
und milch, wälder und wolf und schafe. wir speichern weiter alles ab,
doch: wer soll das alles lesen? trittsiegel, fährten und spurenfossilien,
das bodenhirn hat für alles ein eigenes gedächtnis,
selbst für alles, was jetzt noch kommt.

bei uns zu lande auf dem lande
(eine Droste-Montage)

wir ackerten voran (seit wir westfalen in der literatur
wie ameisen umherirren) – den himmel über, die pfütze unter uns,
aus allen häusern belferten uns kläffer an, das leise murren
einer schlaftrunkenen kuh, gradeso vergnügt als ein bauer,
der zahnweh hat, mit lippen wie zwirnfäden, die fast immer
geschlossen sind, und der schöne mund wie ein vogelnest
in einem dornenstrauch, mit herzen, die seufzen wie öfen,
die stimme ist schwach, aber schwach wie fernes gewitter,
fast der zehnte mann ist hier ein prophet – ein vorkieker,
wie man es nennt, ein bleicher, winddürrer herr,
lang aufgeschossen wie eine erle, blond, mit hellblauen augen,
durch die man glaubt bis ins gehirn sehen zu können, wie
in allen eine unterdrückte herzlichkeit kämpfte, das leben
in einer inneren poesie, wir möchten nicht gern
als empfindsame heidschnucke in einem journale figurieren.

wie auf den reisen DIE ZEITEISEN SCHLEICHEN,
eine *roundtour bey allen verwandten*, vorbei
an bekannten, westfälischen eichen, *pfeifend*
die habichte kreisen und *draußen nebelts*
und regnets, es dauert und dauert, *so*
schwammen wir nach heessen, gemächlich
die schnellpost, die droste, beladen, die arche,
ihr koffer, in dem die manuskripte wippten,
der ganze wagen, der in den spurrillen
drohte zu kippen. die nerven, sie scheuen.
der kutscher *in seinem bespritzten kittel*
zügelt die pferde, zwischen den relais
sind die nächte hart wie knüppelpfade,
schlechter schlaf auf schlechten wegen, und
in dem *rumpelkasten* schnarchen die gäste
ohne gnade *brummend und ächzend*.
strapaziöse gegend, *endlose getraideseen*,
dörfer trifft man alle stunde weges
höchstens eines, und dann ein kleines.
diese schleichenden zeitreisen,
man möchte sie nicht missen,
man möchte sie vermeiden.

ANMERKUNGEN

blickbeziehung, splittersiedlung

II

• Das Jagdflugzeug »Phantom II«, das seit 1971 auch von der Luftwaffe der Bundeswehr genutzt und erst 2013 ausgemustert (ausgephast) wurde, nannte man wegen der schwarzen Rauchfahnen, die die Triebwerke erzeugten, wegen seiner mäßigen Aerodynamik und der klobigen Ästhetik scherzhaft auch Ölofen, fliegender Ziegelstein oder Eisenschwein.

III

• Unglücksbalken: Äste, die durch ihre eigene Last so stark beansprucht sind, dass Risse auftreten und sie abzubrechen drohen.

• Höckerlinie (auch Drachenzähne) bezeichnet umgangssprachlich die zahnförmigen Beton-Panzersperren des Westwalls, der von Kleve bis an die Schweizer Grenze verlief und vom NS-Regime mit massiven Eingriffen in die Landschaft errichtet wurde. Die u.a. auch im Aachener Umland noch sichtbaren Reste der Höckerlinie sind heute sowohl Mahnmal als auch bedeutender ökologischer Teil einer Biotopkette.

IV

• Knisterfinken, Kuckucksspötzkel und Pittenpapenpüffkes bezeichnen im Münsterländer Platt den Rübstiel, das Wiesenschaumkraut und den Aronstab (giftig).

V

• Der Anblick des titelgebenden Schlosses in Kafkas Romanfragment wird an einer Stelle im ersten Kapitel beschrieben als »wie von ängstlicher oder nachlässiger Kinderhand gezeichnet«.

• Das Bundesnaturschutzgesetz definiert den Begriff »Landschaftsbild« als *Vielfalt, Eigenart und Schönheit von Landschaft und Natur.* Für die Bewertung von Landschaftsbildern (und ihrer Beeinträchtigung) bezieht sich die Rechtsprechung mitunter auf den »angenommenen, aufgeschlossenen Durchschnittsbetrachter«.

aus dem inhaltsverzeichnis

• Das Gedicht war Teil einer Textinstallation (»idylle mit bushaltestelle«) entlang der historischen Klostermauern der Abtei der Zisterzienserinnen in Gravenhorst (Hörstel, Kreis Steinfurt, nördliches NRW). Der einstige Konvent beherbergt heute das *DA, Kunsthaus Kloster Gravenhorst*. Die Installation entstand im Rahmen der dreijährigen *SAISONALE* temporäre Kloster.Garten.Kunst*.

die mundart der milchkühe

LÄNDLICH, DER MUNDRAUM

• Bachum, Tacken, Balachesen: im Masematte (rotwelscher Soziolekt aus den Münsteraner Arbeitervierteln) Begriffe für Geld, Groschen.

DER HOF AM DRUBBEL UNTER DENKMALSCHUTZ

• Drubbel: insbes. in Westfalen dominanter historischer Siedlungstyp einer ländlichen Gruppensiedlung von drei bis 15 Haus- und/oder Hofstätten.
• Isoglosse bezeichnet in der Linguistik eine sprachgeographische Trennlinie, mit der die Grenze (etwa die sog. Benrather Linie) zwischen zwei unterschiedlichen Erscheinungsformen eines sprachlichen Merkmals markiert wird, z. B. die unterschiedliche Aussprache eines Konsonanten oder Vokals.
• Kötter: nds. Bauer mit kleinem Besitz.
• küern: nds. sprechen, reden.
• Köter, Töle: nds. Hund.
• Blagen: nds. Kinder (abwertend).
• stikkum: nds. hier: schweigsam.
• Maisgebiss: Maisschneidwerk eines Mähdreschers.
• freundliches Lockbild: eine Formation beflockter Krähenattrappen, die bei der Krähenjagd so auf einem beliebten Fraßplatz aufgestellt werden, dass echte Krähen zum Einfallen bewegt werden.

DIESE GEGENDEN, SIE RIECHEN STRENG

• Asseln: Stadtteil von Dortmund.
• Oberaden: Stadtteil von Bergkamen im Kreis Unna.
• Massen: Ortschaft in Unna.
• Brilon und Meschede: Städte im Hochsauerlandkreis.

SCHLACKSE, EIN PAAR BIRKEN
• Das angeblich insbesondere bei Jugendlichen auf dem Land so beliebte nächtliche Kuhschubsen ist eine Urban Legend. Demnach ließen sich die im Stehen schlafenden Kühe durch einen Stoß leicht umwerfen. Rinder schlafen jedoch in der Regel nicht im Stehen, sondern im Liegen. Ein ausgewachsenes Rind ist zudem deutlich zu schwer, als dass ein Mensch es ohne Weiteres umstoßen könnte.

ortskerntangente

I
• *Trap Streets* (dt. Fallenstraßen), *Paper Towns* und Phantomkirchen: von Kartenherstellern auf Land- oder Stadtkarten als Plagiatsfallen bewusst fälschlich abgebildete, fiktive Straßen, Ortschaften, Gebäude etc.
• Der Enniger Bach, im Volksmund Bierke, ist ein Bach in Hamm/Westfalen, Bezirk Heessen.

II
• Das Broca-Areal in der Großhirnrinde wird gemeinsam mit dem Wernicke-Areal als Hauptkomponente des Sprachzentrums angesehen.

III
• Westhusen ist ein ländlich geprägter Stadtteil von Hamm/Westfalen und Teil des Stadtbezirks Heessen. Dort findet sich eine imitierte gelbe Ortstafel mit der Aufschrift »Königreich Westhusen«.
• Drensteinfurt, Ahlen, Herbern, Bönen: Städte und Ortschaften im Umkreis von Hamm/Westfalen.

IV
• Box mich höflich: gängige Verballhornung des Ortsteils Bockum-Hövel in Hamm/Westfalen.
• Am roten Ohrläppchen: ebenfalls eine Verballhornung, hier der Straße »Zum roten Läppchen« im Ortsteil Heessen in Hamm/Westfalen.
• Franz-Hitze-Straße, Augustin-Wibbelt-Straße: Straßen in Hamm-Heessen, benannt nach dem Sozialpolitiker Franz Hitze und dem westfälischen (Mundart-)Dichter Augustin Wibbelt.

V

• Angelehnt an Günter Eich: *Oder, mein Fluss.*

• Die Lippe (lat. Lupia) ist ein 220 km langer Nebenfluss des Rheins in NRW. In ihrem Mittellauf mäandriert sie u. a. durch Hamm/Westfalen. Der Name der Lippe leitet sich womöglich von germanischen Verbformen ab, die den Fluss in seinem charakteristischen Fließen beschreiben: germ. **(s)leup-a-*, altengl. *slūpan* und mnd. *slūpen*, also »schlüpfen, schleichen«. Eine Verbindung zu lat. lupus (Wolf) besteht höchstens volksetymologisch.

VI

• »Jede Straße hatte einen Namen, der einem, als wäre es der eigene Name, eingeprägt blieb. Jede der biographischen Straßen.« In: Jürgen Becker: *Im Radio das Meer. Journalsätze*. Suhrkamp, 2009.

VII

• Knobeln, Schocken: im Ruhrgebiet verbreitetes Würfelspiel. Üblicherweise zahlt der Verlierer eines Spiels die nächste Runde Bier.

VIII

• Vogelsang: hier Bergarbeitersiedlung in Hamm-Heessen.

• Am Hämmschen: Straße in Hamm-Heessen.

IX

• Imbuschstraße, Stegerwaldstraße, Minister-Stein-Straße, Ferdinand-Krüger-Straße, Hermann-Pünder-Straße, Glückaufstraße: u. a. nach Gewerkschaftern, Politikern, Mundartdichtern benannte Straßen in der Siedlung Neue Heimat in Hamm-Heessen.

• głupi: poln. dumm, Dummkopf.

• Bir, iki, üç: türk. eins, zwei, drei.

im gleisbett vor hörde

IM GLEISBETT VOR HÖRDE

• Hörde ist ein Stadtteil von Dortmund, in dem sich das Stahl- und Hüttenwerk Phoenix befand. Heute liegt auf dem Gelände der künstlich angelegte Phoenix-See. Im Hörder Gestapokeller wurden noch kurz vor Kriegsende

Exekutionen zahlreicher Widerstandskämpfer und Zwangsarbeiter vorbereitet, die im nahegelegenen Rombergpark ermordet und verscharrt wurden. Alte untertägige Bergwerksstollen durchziehen den Park. (Vgl. auch Jürgen Brôcan: *Die Taschentuchbäume im Rombergpark*. In: *Antidot*. Gedichte. Edition Rugerup, 2012.)

IM GESICHTSFELD WÜTEN DIE SCHWARZKITTEL

• Schwarzkittel: Wildschwein (Jägersprache).

VERTRAUT IMMERHIN

• Über die Etymologie des Namens Sauerland wurde lange gestritten. Es bildeten sich insbesondere zwei Erklärungsansätze heraus: eine Herleitung als *südliches Land*, eine andere als *beschwerliches Land*. Ersteres hat sich heute als wahrscheinlicher durchgesetzt.

altlastenkataster

NAH AM WASSER

• »Wenn das Röhricht knistert im Hauche!« Annette von Droste-Hülshoff: *Der Knabe im Moor.*

PAUL IM KRIEG

• Kröpper: ruhrdeutsch, nds. für Kropftaube, abwertend für Brieftaube.

HELLWACH IST DIE LANDSCHAFT

• Heessen: Ortsteil von Hamm/Westfalen.

• »fremde Gegend, / Vororte, die einmal Dörfer waren«. Jürgen Becker: *Graugänse über Toronto. Journalgedicht*. Suhrkamp, 2017.

wie wir in der gegend stehen

WENIG, NICHTS, VIEL

• Das Gedicht nimmt u. a. Bezug auf die wechselvolle Geschichte des Klosters Gravenhorst (s. o.), dessen Gebäude u. a. als Werkhalle zum Bau von Dampfmaschinen, als Zuckerrübenfabrik, Jagdschloss, Lager für Zwangsarbeiter und Kriegsgefangene der Nazis, als Unterkunft für Flüchtlinge und Vertriebene sowie zur Champignonzucht genutzt wurden.

migräne, aura

• Migräne: von griech. *hemi* »halb« und *kranion* »Schädel«. Bei einer sog. klassischen Migräne geht einem Migräneanfall eine Aura voraus, z. B. durchs Gesichtsfeld wandernde Flimmerskotome.

• »Der Wasserdampf in der Luft hatte seine höchste Spannkraft, und die Feuchtigkeit der Luft war gering.« Aus: Robert Musil: *Der Mann ohne Eigenschaften*. Erstes Buch, erster Teil, erstes Kapitel.

IN DEN HERBSTARCHIVEN

• Nach Georg Heyms Gedichtfragment *Der Herbstkirchhof*.

hopfen, ostersonntag

DER ERSTE BLICK

• Brunssum: niederländische Gemeinde in Südlimburg, direkt an der deutschen Grenze, Standort des NATO-Kommandos Allied Joint Force Command.

• Teveren: Standort der NATO Air Base Geilenkirchen, nahe der niederländischen Grenze (bei Brunssum), Hauptstützpunkt der AWACS (Airborne Warning and Control System) Aufklärungsflugzeuge.

• Bei Maastricht (und damit unweit von Brunssum und Teveren) befindet sich ein kleiner internationaler ziviler Verkehrsflughafen.

• *nachmittag flugschule*: Am 2. August 1914 kommentiert Franz Kafka den Kriegsausbruch in seinem Tagebuch mit den berühmt gewordenen Worten: »Deutschland hat Rußland den Krieg erklärt. – Nachmittag Schwimmschule.«

DIE ZIVILE DÄMMERUNG

• Eine der drei Phasen, nach denen der Dämmerungsverlauf unterschieden wird, nennt man zivile oder bürgerliche Dämmerung. Hier reicht das Sonnenlicht noch oder bereits zum Lesen im Freien aus.

• *unsere sicherheit / wird auch am kirschlorbeer verteidigt, am lattenzaun*: variiert einen Satz aus der Regierungserklärung des damaligen deutschen Verteidigungsministers Peter Struck von März 2004: »Unsere Sicherheit wird nicht nur, aber auch am Hindukusch verteidigt.«

MOBILFUNK IST GLÜCKSSACHE

• *Met jou wil ik de hemel zien* (dt. »Mit dir will ich den Himmel sehen«): flämischer Schlager von Liliane Saint-Pierre.

flandern, rundfahrt

• Jedes Jahr findet Anfang April in Belgien das zu den sog. Klassikern zählende Eintagesradrennen, die Flandernrundfahrt (*De Ronde*), mit den gefürchteten Kopfsteinpflasterpassagen (*kasseien*) und den zahlreichen extrem steilen Anstiegen (*hellingen*) statt.

• Der Gedichtzyklus entstand für das zweisprachige, flämisch-deutsche Anthologieprojekt *Elk meer een zee, jeder See ein Meer.* dasKULTURforum Antwerpen & Uitgeverij Vrijdag, 2022.

I

• *Der Himmel von Flandern in der Farbe der Türme von Brügge und Gent*: Liedzeile aus einem französisch-niederländisch gesungenen Chanson von Jacques Brel. Brel verstand sich selbst als französischsprachiger Flame. Insbesondere den »Flamingants«, also den flämischen Nationalisten, stand er kritisch gegenüber. Dennoch besang er immer wieder auch die Schönheit der flämischen Herkunftslandschaften seines Vaters und übersetzte eine Reihe seiner Chansons auch ins Niederländische.

• Essen ist eine Gemeinde in der belgischen Provinz Antwerpen, Herne in der Provinz Flämisch-Brabant und Bocholt in der Provinz Limburg. Bocholt unterhält eine Städtepartnerschaft zur Stadt Bocholt in Nordrhein-Westfalen.

• Der Name des französischsprachigen Landesteils Belgiens, der Wallonie, leitet sich von der germanischen Bezeichnung für Römer (oder Romanisierte), später allg. Fremde ab: Welsche (vgl. Wales, Wallis, Walachei).

II

Jean-Marie Pfaff: ehem. belgischer, in Flandern geborener Fußballtorwart.

• *Niklaas, ein Junge aus Flandern*: Anime-Fernsehserie der 70er/80er Jahre rund um den Waisenjungen Niklaas, der bei seinem Großvater in einem flämischen Dorf bei Antwerpen lebt.

• Paul van Ostaijen: flämischer Dichter des Expressionismus, in Belgien längst ein einflussreicher Klassiker der Moderne.

• Passendale: Ortsteil der Gemeinde Zonnebeke (offizieller Stadtslogan: »Waar de toekomst een verleden heeft«, dt. »Wo die Zukunft eine Vergangenheit hat«) im Umland von Ypern, eine in den Flandernschlachten des Ersten Weltkriegs hart umkämpfte und verheerend verwüstete Gegend.

• »Doel moet blijven« (dt. »Doel muss [bestehen] bleiben«): Doel ist ein Ortsteil der Gemeinde Beveren in Ostflandern. Gegen die Pläne, das Dorf zugunsten einer Erweiterung des Antwerpener Hafens vollständig abzureißen, gab es bereits seit den 60er Jahren heftige Proteste der Bevölkerung. Der Ort gleicht mittlerweile einem Geisterdorf. 2022 beschloss die flämische Regierung schließlich den Fortbestand des Ortes. Bekannt ist Doel auch durch den störanfälligen Kernmeiler, der wegen zahlreicher Pannen und Risse immer wieder auch die deutsche Öffentlichkeit beschäftigt.

III

• Der Name der belgischen Region Flandern stammt vermutlich von germ. *flaum (vgl. auch engl. flow) und bedeutet so viel wie überspültes, überschwemmtes Land, Marschland. Eine andere Erklärung sieht den Ursprung bei *flama oder *flanta: flaches Land oder »Uitland«, also Niemandsland.

• Die im Ersten Weltkrieg erstmals breit und massiv eingesetzte Munition mit chemischen Kampfstoffen war je nach Giftstoff mit blauen, grünen, gelben oder roten Kreuzen markiert. Den kombinierten Einsatz verschiedener Kampfstoffe bezeichnete man als »Buntschießen«.

• Die bei Radrennen antretenden nationalen Champions tragen in der Regel Trikots in ihren Landesfarben, Weltmeister das sog. Regenbogentrikot.

• *niet splitsen! – barst!* Bereits seit der Gründung Belgiens schwelt ein komplexer Konflikt zwischen Flandern und der Wallonie. Die Gründe sind sowohl wirtschaftlicher, sozialer, kultureller als auch sprachlicher Natur. Insbesondere die ungleiche Wirtschaftskraft (das wirtschaftlich stärkere Flandern subventioniert die Wallonie) ist Anlass für den Wunsch speziell der flämischen Nationalisten nach einer Trennung und einem eigenen flämischen Staat. »Niet splitsen« (»Nicht trennen«) lautet in den häufig durchgeführten Umfragen, ob sich Belgien auflösen solle und sich Flandern und die Wallonie damit trennen sollten, das immer sehr deutliche Ergebnis.

• »België barst!« (»Belgien zerplatze!«) ist bereits seit den 80er Jahren der Schlachtruf radikaler Flamen.

• Hugo Claus (1929–2008): flämischer Schriftsteller, der im Alter an der Alzheimer-Krankheit litt und den Freitod durch Sterbehilfe wählte. Sein als Meisterwerk geltender Roman *Het Verdriet van Belgie* (zunächst als *Der Kummer von Flandern*, dann vor einigen Jahren in Neuübersetzung als *Der Kummer von*

Belgien auf Deutsch veröffentlicht) erzählt eine Familiengeschichte während der deutschen Besatzung im Zweiten Weltkrieg.

WIR SCHREIBEN APRIL

• Die kursivierten Passagen stammen aus Briefen, die der Dichter August Stramm während der Mobilmachungen des Ersten Weltkriegs schrieb. Er fiel am 1. September 1915 bei Horodec im heutigen Belarus. Vgl. August Stramm. *Das Werk*. Hrsg. v. R. Radrizzani. Limes, 1963.

das wetter in ypern

• Rund um die westflämische Stadt Ypern sind in den verheerenden Flandernschlachten des Ersten Weltkriegs rund eine halbe Million Soldaten gefallen. Der Name der Stadt ist zum Inbegriff für einen Landschaft und Menschen zerstörenden Kriegsirrsinn geworden. Seit 1928 wird jeden Abend Punkt 20 Uhr der Zapfenstreich unter dem Mahnmal des Menentors geblasen.

annette, passante, tangente

eine kleine streiferei

• Auf der etwa sieben Kilometer langen Strecke zwischen Burg Hülshoff und dem Haus Rüschhaus, den bei Münster gelegenen Geburts-, Wohn- und Schreiborten der Annette von Droste-Hülshoff, ist 2021 ein Outdoor-Museum eröffnet worden: *Droste-Landschaft : Lyrikweg*. Auf der Strecke, die die Autorin oft mehrfach täglich zu Fuß zurücklegte, werden historische und naturgeschichtliche Informationen, Texte von Annette von Droste-Hülshoff sowie Gegenwartstexte präsentiert, darunter auch dieses Gedicht mit Bezug auf Haus Vögeding (s. u.).

• In seinen Lebenserinnerungen schreibt Levin Schücking über die Spaziergänge, die er gemeinsam mit Annette von Droste-Hülshoff zwischen Burg Hülshoff und Haus Rüschhaus unternahm: »eine kleine Streiferei in der nächsten buschreichen Umgebung des Hauses wurde dann gemacht; zu dem ihrem Bruder gehörenden alten Hause Schenking [Vögeding] z. B., wo von der Pächterin ein frisches Gänseei requirirt wurde, das Annette mit einem verwegenen starken Zusatz von Zucker zu einem vortrefflichen Creme verarbeitete und das verzehrt wurde [...]. Sie führte dabei zumeist ihren leichten Berghammer bei sich, und wir kehrten selten heim, ohne dass mir alle

Taschen von allerlei Kieseln und Feuersteinen und anderen Raritäten gestarrt hätten [...].«

REGEN, REGEN, IMMER REGEN!

• »Regen, Regen, immer Regen!« Aus: Annette von Droste-Hülshoff: *Die Vogelhütte.*

bei uns zu lande auf dem lande

• Text-Montage ausschließlich bestehend aus rearrangierten Versatzstücken aus Annette von Droste-Hülshoffs *Bei uns zu Lande auf dem Lande*; einzig leichte grammatische Anpassungen wurden vorgenommen.

DIE ZEITEISEN SCHLEICHEN

• Die kursivierten Passagen sind dem Briefwechsel der Annette von Droste-Hülshoff entnommen, in dem sie wiederholt von ihren zahlreichen Reisen berichtet.

INHALT

Originalausgabe

Gesetzt aus der Eureka
Umschlag: Leif Ruffmann
Gesamtherstellung: Interpress, Budapest

Die Handschrift auf Seite 3 ist ein Autograph des auf Seite 34 abgedruckten Gedichts.

www.korrespondenzen.at

ISBN 978-3-902951-72-4